ORGANISATION

DU CRÉDIT FONCIER.

ORGANISATION

DU

CRÉDIT FONCIER,

CRÉATION D'AGENCES LOCALES

indépendantes les unes des autres,

ET UNIES ENTR'ELLES PAR LES LIENS D'UNE ASSOCIATION CENTRALE.

BAYEUX,

IMPRIMERIE DE A. DELARUE, 27, RUE SAINT-JEAN.

1851.

TABLE DES MATIÈRES.

A

MM. LE PRÉSIDENT ET LES MEMBRES

de l'Assemblée nationale.

Messieurs,

Je viens solliciter la création d'une institution financière, opérant sous le nom de *Caisse de crédit foncier*.

Son action s'étendra sur la France entière, au moyen des syndicats de première garantie, organisés comme *Agences locales* ou établissements particuliers, indépendants les uns des autres dans les départements.

Sa mise de fonds ne dépassera pas le montant du cautionnement imposé à chacun de ses membres; mais quelque élevé que soit le chiffre de ses opérations, fût-il de plusieurs centaines de millions de francs par année, cette mise de fonds suffira pour faire face aux besoins de la caisse.

BASES DE L'ÉTABLISSEMENT.

CHAPITRE Ier.

Association financière.

L'association ne se composera que des préposés de la caisse, lesquels, en quittant leurs fonctions, cesseront de faire partie de l'association.

Un traitement modique, mais proportionné à l'importance des opérations, leur est attribué à titre de prélèvement sur les bénéfices annuellement obtenus.

Ce traitement est calculé de manière à n'absorber que la moitié des produits.

La caisse retient l'autre moitié pour s'en composer un fonds social destiné à faire face aux éventualités.

Elle restitue à chacun sa part, après la cessation de ses fonctions.

La conformité d'intérêt de tous les fonctionnaires de la caisse, unis entre eux par les liens d'une responsabilité qui n'affecte que les bénéfices obtenus non encore partagés, *mais ne compromet en rien leur fortune acquise*, offrira au crédit foncier l'ensemble complet des garanties qu'il réclame pour se développer librement.

CHAPITRE II.

Fonds social de l'établissement.

Les fonctionnaires de la caisse fournissent chacun un cautionnement déterminé, et c'est de l'ensemble de ces cautionnements que se compose le fonds social, auquel vient s'ajouter chaque année *la totalité* des bénéfices nets obtenus comme excédants de produits sur les dépenses.

Les associés étant tous fonctionnaires de la caisse, et recevant, à ce titre, un traitement particulier, aucun motif ne s'oppose à ce que les produits par eux annuellement obtenus comme surcroît de bénéfice, en dehors de leur traitement, soient accumulés à la réserve pour ne leur être attribués qu'après que leur responsabilité aura été dégagée, c'est-à-dire, après la cessation de leurs fonctions.

Cette méthode évite à l'établissement la nécessité d'un apport social considérable, et, partant, le besoin de dividendes élevés pour indemniser les bailleurs de fonds.

Son adoption a surtout l'avantage d'imposer aux fonctionnaires de la caisse, et dans leur propre intérêt, une extrême prudence; car la perspective, pour chacun d'eux, d'une fortune qui, à l'aide du temps, se développe d'elle-même, mais qui menace de s'écrouler au souffle de la plus légère imprévoyance, leur communiquera à tous le degré de circonspection nécessaire à la sécurité de la caisse.

CHAPITRE III.

Agences locales.

Il sera établi comme agence ou *institution locale*, dans le ressort de chaque cour d'Appel, un syndicat de première garantie, composé de trois membres appartenant à l'association, et remplissant d'ailleurs les conditions de capacité et de moralité exigées pour l'accomplissement scrupuleux et éclairé de leurs fonctions.

Attributions du syndicat.

Le syndicat, dans le ressort qui lui est assigné, constate :

1° L'individualité de l'emprunteur et sa capacité de contracter ;

2° Son droit de propriété incontesté et incontestable aux immeubles par lui offerts en hypothèques, en remontant à leur origine depuis au moins trente ans ;

3° La désignation de ces immeubles, leur produit annuel et leur valeur vénale, déduction faite des servitudes de nature à l'atténuer ;

4° La situation hypothécaire de l'emprunteur et son état civil ; s'il est célibataire, veuf ou marié ; tuteur de mineurs ou d'interdits.

Le certificat délivré par le syndicat sera signé de tous ses membres ; il fixera la somme à fournir sur les garanties offertes, laquelle ne pourra, en aucun cas, excéder la moitié de la valeur libre et nette des biens hypothéqués.

Des instructions particulières de l'administration centrale de l'établissement feront connaître les mesures de précaution à prendre pour apprécier convenablement la valeur vénale et locative des immeubles, à raison de la nature des biens, et des circonstances de culture et d'économie sociale, particulières à chaque localité.

Lors de chaque prêt, et immédiatement après qu'il aura été opéré, les titres de propriété et les autres pièces produites à l'appui du certificat de solvabilité seront soumis à la vérification de l'administration centrale de l'établissement, à Paris.

Cette vérification aura lieu dans l'ordre de la réception des pièces.

Si l'agence ne s'est point conformée aux dispositions des statuts de la caisse et aux instructions de l'administration, son certificat sera rejeté, et elle ne pourra continuer ses opérations qu'après avoir rapporté à la caisse, pour être annulées, des lettres de gage pour une somme égale au montant de celles qui auront été irrégulièrement émises.

Lorsque les opérations non encore vérifiées d'un syndicat s'élèveront à un capital égal à trois fois le montant de sa part contributive dans le fonds social, il ne pourra être procédé par ce syndicat à aucune opération nouvelle qu'après cette vérification terminée.

Après l'approbation donnée à son certificat, le syndicat n'est responsable des emprunts contractés par son entremise que jusqu'à concurrence *de la portion lui appartenant dans le fonds social.*

Le syndicat, composé d'un personnel choisi de manière à offrir les garanties les plus complètes, a pour mission d'assurer aux placements une sécurité absolue.

En laissant peser sur lui, comme on le fait, la responsabilité du prêt pendant la durée du temps nécessaire à l'administration pour en apprécier les garanties, on imprime au syndicat, dans sa marche, une circonspection salutaire, dont il ne se départira jamais.

CHAPITRE IV.

Opérations de prêt.

L'association transforme son apport social en un fonds de roulement avec lequel elle fonctionne ainsi :

Elle verse, *en numéraire*, à l'emprunteur le montant du prêt convenu.

L'emprunteur s'oblige à le lui rembourser par annuités, dont le nombre et la quotité sont proportionnels au montant des cédules hypothécaires créées par le contrat.

La dernière annuité se paie par avance au moment du prêt; le produit en est appliqué à la formation d'une réserve en numéraire, et d'un fonds de garantie indispensable à la régularité de la marche et à la sécurité de l'établissement.

La caisse *ne réclame rien des emprunteurs, en sus de leurs annuités ;* elle ne leur impose que le taux d'intérêt revenant aux bailleurs de fonds, de sorte que son concours comme intermédiaire entre eux n'augmentant point les charges du prêt, et faisant disparaître les risques qui l'accompagnent, aucun obstacle ne s'opposera désormais à l'abaissement du taux de l'intérêt du numéraire dans les transactions hypothécaires.

L'association trouvera néanmoins dans le mode adopté pour la gestion de ses opérations des avantages de nature à satisfaire aux espérances légitimes d'une équitable rémunération.

CHAPITRE V.

Formalités du contrat.

Le contrat de prêt est passé devant notaire.

Il contient affectation hypothécaire des immeubles mentionnés dans le certificat délivré par le syndicat de première garantie.

Les frais de cet acte et ceux de l'inscription à prendre au bureau du ressort sont à la charge de l'emprunteur.

CHAPITRE VI.

Émission de cédules hypothécaires.

Au fur et à mesure de chaque opération de prêt, la caisse émet, jusqu'à concurrence du capital contenu dans l'ensemble des annuités imposées à l'emprunteur, *des cédules hypothécaires*, appelées aussi lettres de gage, qu'elle négocie avec publicité et concurrence à la bourse de commerce, à Paris et dans les principales villes de France. `

La négociation de ces valeurs devient la base de la fixation du nombre et de la quotité des annuités à stipuler dans les opérations ultérieures.

De cette manière, l'établissement, intermédiaire désintéressé entre les emprunteurs et leurs créanciers, n'aliène pas le capital par lui employé comme fonds de virement dans chaque opération de prêt ; il le retrouve intact, redevenu disponible aussitôt après l'opération conclue.

CHAPITRE VII.

Annuités à recevoir.

Pour déterminer le nombre des annuités à stipuler dans le contrat, et le montant des cédules hypothécaires à créer, il sera fait usage du tableau suivant :

TABLEAU

TABLEAU RÉGULATEUR DES ANNUITÉS.

CÉDULES hypothécaires portant intérêt à	COURS de ces valeurs.	ANNUITÉS imposées à l'emprunteur.		CAPITAL contenu dans l'ensemble des annuités.		
		Nombre.	Quotité.			
4 °/₀	100 F.	28 annuités.	6 F. 00c. 130	100 F. 00 C.		
	99		6 06 192	101	01	010
	98		6 12 378	102	04	082
	97		6 18 700	103	09	278
	96		6 25 135	104	16	666
	95		6 31 720	105	26	316
4 25 °/₀	100 F.	29 annuités.	6 F. 06c. 350	100 F. 00 C.		
	99		6 12 475	101	01	010
	98		6 18 725	102	04	082
	97		6 25 145	103	09	278
	96		6 31 616	104	16	666
	95		6 38 265	105	26	316
4 50 °/₀	100 F.	30 annuités.	6 F. 13c. 916	100 F. 00 C.		
	99		6 20 118	101	01	010
	98		6 26 445	102	04	082
	97		6 32 903	103	09	278
	96		6 39 496	104	16	666
	95		6 46 227	105	26	316
4 75 °/₀	100 F.	30 annuités.	6 F. 32c. 098	100 F. 00 C.		
	99		6 38 483	101	01	010
	98		6 44 998	102	04	082
	97		6 51 648	103	09	278
	96		6 58 436	104	16	666
	95		6 65 367	105	26	316
5 °/₀	100 F.	30 annuités.	6 F. 50c. 510	100 F. 00 C.		
	99		6 57 081	101	01	010
	98		6 63 786	102	04	082
	97		6 70 629	103	09	278
	96		6 77 616	104	16	666
	95		6 84 748	105	26	316

Suite du tableau régulateur des annuités.

CÉDULES hypothécaires portant intérêt à	COURS de ces valeurs.	ANNUITÉS imposées à l'emprunteur.		CAPITAL contenu dans l'ensemble des annuités.
		Nombre.	Quotité.	
5 25 °/₀	100 F. 99 98 97 96 95	30 annuités.	6 F. 69c. 170 6 75 930 6 82 828 6 89 866 6 97 053 7 04 390	100 F. 00 c. 101 01 010 102 04 082 103 09 278 104 16 666 105 26 316
5 50 °/₀	100 F. 99 98 97 96 95	30 annuités.	6 F. 88c. 058 6 95 006 7 02 098 7 09 345 7 16 726 7 24 269	100 F. 00 c. 101 01 010 102 04 082 103 09 278 104 16 666 105 26 316

La caisse émet les cédules hypothécaires les mieux appropriées à la situation du crédit, parmi celles dont le cours officiel n'est pas en dehors des limites tracées par le tableau qui précède.

Ces valeurs sont bien, comme on le voit, la représentation fidèle de la somme prêtée.

L'emprunteur connaît à l'avance le taux d'intérêt que lui impose la caisse ; car c'est en numéraire qu'elle lui verse le montant de son emprunt, et il n'a nullement à se préoccuper du placement des cédules hypothécaires.

Cette manière de procéder semble plus judicieuse que celle qui consiste à verser en lettres de gage à l'emprunteur un capital nominal plus ou moins élevé, dont il ne sait que faire, et qu'il vendra souvent à vil prix.

Les formalités qui sont le complément ordinaire du contrat, permettent à la caisse de négocier les valeurs

émises, et de recevoir le montant de la négociation avant que l'emprunteur ne soit lui-même en mesure de toucher le montant de son emprunt, de sorte qu'elle n'a, la plupart du temps, aucune avance à faire, et procède sans bourse délier.

Son fonds de roulement, ne fût-il que d'un million de francs, satisfera donc aisément aux exigences de cent millions de francs d'opérations par année.

Au surplus, ce fonds de roulement, augmenté de l'accumulation des produits consacrés à la formation du fonds social, se montrera, dans tous les temps, supérieur aux besoins qu'il est appelé à satisfaire.

CHAPITRE VIII.

Recouvrement des annuités.

Les annuités seront payables au siège de l'administration centrale de l'établissement, à Paris.

Néanmoins la caisse établira des bureaux de recette et de paiement dans les localités où l'importance de ses opérations aura rendu la mesure nécessaire.

L'annuité échue deviendra, dans les mains du débiteur en retard de la payer, un nouveau capital produisant intérêt à raison de cinq pour cent par an, à compter du jour de son échéance; et si, dans l'espace d'une année, elle n'a pas été recouvrée, le montant en sera prélevé sur la part afférente à l'agence locale dans le fonds social, sauf le recours de cette agence contre le débiteur.

CHAPITRE IX.

Service des intérêts attachés aux cédules hypothécaires ; remboursement de ces valeurs.

Le produit des annuités, déduction faite de la portion

absorbée par le service des intérêts attachés aux cédules hypothécaires, est appliqué au remboursement de ces valeurs, en commençant *par celles dont le taux* d'intérêt est le plus élevé.

CHAPITRE X.

Libération anticipée.

Indépendamment de leur libération naturelle et progressive par l'acquit des annuités aux échéances, les débiteurs pourront encore se libérer par anticipation du terme à leur convenance, en autant de paiements que bon leur semblera, pourvu que chaque paiement anticipé ne soit pas inférieur à vingt-cinq francs.

Ils useront de l'établissement comme d'une caisse d'épargne, à laquelle, pour activer leur libération, ils viendront apporter chaque jour leurs économies.

Ces versements abrègeront d'autant le délai nécessaire au remboursement de leur dette, et par ce moyen la durée ordinaire de la libération ne dépassera pas dix-huit à vingt années.

Les débiteurs pourront employer dans ces paiements les cédules hypothécaires émises par la caisse, laquelle en cette circonstance les recevra pour leur valeur nominale au pair, pourvu qu'elles soient productives d'un intérêt au moins égal à l'intérêt attaché aux cédules hypothécaires émises par le contrat.

Ils tiendront compte à la caisse d'un trimestre d'intérêt de la somme payée, pour toute indemnité.

Le paiement par avance de l'annuité courante n'est pas considéré comme libération anticipée.

Le produit du versement, fait en numéraire, à titre de libération anticipée, est employé au rachat des cédules hypothécaires, lorsque le cours de ces valeurs se montre inférieur à leur capital nominal.

Sans cette stipulation le débiteur appelé à profiter de l'amoindrissement momentané de sa dette, mais ne pouvant, à cause de la modicité de son versement, faire usage des cédules hypothécaires, se verrait privé de l'avantage le plus important attaché à la libération anticipée.

CHAPITRE XI.

Marche de l'établissement.

Pour juger des combinaisons sur lesquelles se fondent les opérations de la caisse, en saisir le mécanisme et en apprécier le résultat, il suffit de jeter les yeux sur la marche de l'établissement, laquelle s'explique et se développe d'elle-même dans le tableau ci-après, applicable à cent millions de francs d'opérations par année.

L'annuité, eu égard à la libération anticipée, y est portée pour 8 fr. 22 c. 369, ainsi composés :

1° Annuité stipulée par le contrat. .   6 fr. 13 c. 916
2° Montant présumé de la libération
anticipée.   2   08   453

Total égal. .   . 8 fr. 22 c. 369

— 20 —

SITUATION DE LA CAISSE A TOUTE ÉPOQUE.

NOTA.— *Les valeurs émises sont des cédules hypothécaires portant intérêt à quatre et demi pour cent.*

ÉPOQUES.	ANNÜITÉS A RECEVOIR, 8 fr. 22 c. °/₀ applicables		CÉDULES HYPOTHÉCAIRES		RÉSERVE en numéraire.
	aux intérêts.	au remboursem^t.	en circulation, extinctions déduites.	demeurées à la souche, comme fonds de garantie.	
ANNÉES.	FR.	FR.	FR.	FR.	FR.
1re.	»	»	95,395,630	4,604,370	1,534,790
2e.	4,500,000	3,723,690	187,067,570	9,208,740	3,069,580
3e.	8,832,840	7,614,950	274,848,250	13,813,110	4,604,370
4e.	12,989,760	11,684,310	358,552,570	18,417,480	6,139,160
5e.	16,964,100	15,930,660	438,027,540	23,021,850	7,673,950
6e.	20,747,220	20,371,230	513,051,940	27,626,220	9,208,700
7e.	24,330,510	25,011,630	583,435,940	32,230,590	10,743,530
8e.	27,704,980	29,860,850	648,970,720	36,834,960	12,278,320
9e.	30,864,230	34,928,290	709,438,060	41,439,330	13,813,110
10e.	33,789,450	40,223,760	764,609,930	46,047,700	15,347,900
11e.	36,479,380	45,757,520	814,248,040	50,648,070	16,882,690
12e.	38,920,290	51,540,300	858,403,370	55,252,440	18,417,480
13e.	41,100,980	57,583,300	895,915,700	59,856,810	19,952,270
14e.	43,009,736	63,898,230	927,413,100	64,464,180	21,487,060
15e.	44,634,325	70,497,330	952,311,400	69,065,550	23,021,850
16e.	45,964,955	77,793,390	970,313,640	73,669,920	24,556,640
17e.	46,979,265	84,599,770	981,109,590	78,274,290	26,091,930
18e.	47,622,285	92,130,440	984,374,690	82,878,660	27,626,220
19e.	48,026,415	100,000,000	984,374,690	82,878,660	27,626,220
20e.	48,026,415	100,000,000	984,374,690	82,878,660	27,626,220
30e.	48,026,415	100,000,000	984,374,690	82,878,660	27,626,220

— On voit par ce tableau que l'établissement parvient à son état normal *dès la dix-huitième année* de son existence, époque à partir de laquelle la création des cédules hypothécaires, balancées chaque jour par les extinctions, ne vient plus en accroître le montant en circulation, de sorte qu'il se tient stationnaire à un chiffre peu élevé.

CHAPITRE XII.

Ressources toujours diponibles pour assurer le service régulier de la caisse.

§ 1er. RÉSERVE EN NUMÉRAIRE.

L'établissement consacre le quart du versement effectué par les emprunteurs, pour l'acquit, par avance, de leur dernière annuité, à la formation d'une réserve en numéraire, laquelle, parvenue à son état normal, s'élèvera, comme le constate le tableau qui précède, à plus de vingt-cinq millions de francs.

§ 2e. FONDS DE GARANTIE.

Les trois autres quarts du produit de ce versement sont destinés à la formation d'un fonds de garantie.

La caisse en fera emploi en immobilisant à la souche, au fur et à mesure de leur création, une quantité équivalente de cédules hypothécaires, lesquelles n'en pourront être détachées par la suite qu'en procédant de la manière suivante :

§ 3e. MOBILISATION DES CÉDULES HYPOTHÉCAIRES DEMEURÉES A LA SOUCHE.

Il sera dressé, chaque mois, une liste des annuités ayant trois mois d'échéance, en prenant soin de mentionner par distinction ce qui est purement applicable aux intérêts de la dette d'avec ce qui fait partie du capital.

Sur la présentation de cette liste, certifiée véritable par le comité de vérification, et accompagnée d'une requête, le président du tribunal civil autorisera la caisse à détacher de la souche et à négocier, aux frais, risques et périls des débiteurs retardataires, des cédules hypothécaires, pour un capital égal aux intérêts contenus dans ces annuités.

L'autorisation ne sera, toutefois, accordée qu'à l'égard des débiteurs ne redevant, d'après l'attestation du comité, aucune portion des annuités antérieures.

Il est à remarquer que la réserve en numéraire unie au fonds de garantie, qui en est le complément indispensable, présente une ressource de plus de cent millions de francs toujours disponible, et à laquelle viendra s'ajouter encore, comme surcroît de garantie, le montant du fonds social formant, pour ainsi dire, une seconde réserve.

En possession de ces ressources accumulées, suffisantes pour faire face aux besoins de la caisse pendant deux années et plus, sans le secours des annuités, l'établissement est en mesure de se livrer à ses opérations avec une entière sécurité.

CHAPITRE XIII.

Service régulier de la caisse.

Pour être convaincu que le service de la caisse n'est point exposé au danger d'une interruption, il suffit de considérer :

1° Que l'intervalle qui s'écoule entre le contrat de prêt et la création des valeurs émises, assigne aux annuités une échéance antérieure de six semaines à l'échéance des cédules hypothécaires ;

2° Que la réserve en numéraire, parvenue à son état normal, est plus que suffisante pour suppléer, pendant six mois entiers, au défaut des débiteurs ;

3° Et qu'enfin cette réserve, qui dépasse vingt-sept millions de francs, *peut être doublée, triplée et même quadruplée à volonté.* Il suffit, pour cela, de détacher de la souche et de livrer à la circulation, au fur et à mesure des besoins, une portion quelconque des valeurs composant le fonds de garantie, et d'en appliquer le produit au rétablissement de la réserve en numéraire, avant que le chiffre s'en soit montré sensiblement altéré.

De cette manière, l'établissement se ménage la latitude de deux années et plus, pour contraindre à loisir ses débiteurs retardataires au paiement de leurs annuités.

Leur manque de ponctualité, ainsi prévu et atténué dans ses effets, ne porte point atteinte à la régularité du service des intérêts attachés aux cédules hypothécaires, et l'établissement n'en éprouve ni gêne ni préjudice.

Ce sont là des résultats qui méritent d'être appréciés ; car ils donnent la mesure des ressources en quelque sorte inespérées qui accompagnent cette méthode, et ils expliquent pourquoi la réserve en numéraire, quelque borné qu'en soit le chiffre, assure bien mieux le service régulier de la caisse que ne pourrait le faire une réserve portée au double dans toute autre méthode.

CHAPITRE XIV.

Produits de l'établissement.

En admettant que la caisse de crédit foncier, parvenue à son état normal, participe pour un cinquième dans le mouvement général des transactions hypothécaires, et réalise pour cent millions de francs d'opérations par année, voici les produits de toute nature que l'association financière chargée de l'administration de l'établissement recueillerait annuellement de sa gestion.

§ 1ᵉʳ. INTÉRÊT ANNUEL DES VALEURS COMPOSANT LE FONDS DE GARANTIE.

Les cédules hypothécaires retenues à la souche, et consacrées à la formation du fonds de garantie, produisent un intérêt annuel que l'association perçoit à son profit comme étant le fruit de sa gestion ; et c'est principalement sur ce produit que se fonde la prospérité de l'établissement; car il est fort important, et il le serait davantage encore, si la libération anticipée n'avait pour effet de le réduire considérablement.

§ 2ᵉ. JOUISSANCE MOMENTANÉE DE L'INTÉRÊT DU PRÊT.

Entre l'obligation contractée par l'emprunteur et la création des cédules hypothécaires auxquelles son emprunt donne naissance, il s'écoule forcément un intervalle d'environ six semaines, pendant lesquelles la caisse perçoit à son profit l'intérêt du prêt, comme contre-valeur de la somme qu'elle tient à la disposition de l'emprunteur, ce qui, pour cent millions de francs d'opérations par année, donnera un produit annuel de cinq cent soixante-deux mille cinq cents francs.

§ 3ᵉ. UTILISATION MOMENTANÉE DE L'INTÉRÊT CONTENU DANS L'ANNUITÉ.

Le même intervalle de temps se reproduit annuellement, entre l'échéance des annuités, et l'échéance des cédules hypothécaires.

L'établissement, parvenu à son état normal, perçoit chaque année quarante-huit millions de francs pour la portion de l'annuité applicable aux intérêts de la dette.

Cette somme n'étant acquise aux porteurs des cédules

hypothécaires que six semaines après sa perception , le mécanisme des opérations l'utilise dans l'intervalle, et elle produit, par ce moyen , une autre somme de deux cent quarante-neuf mille francs, qui appartient bien à l'établissement , car elle est le fruit légitime et particulier de sa gestion.

§ 4e. TRIMESTRE D'INTÉTÊT SUR LA LIBÉRATION ANTICIPÉE.

La libération anticipée des débiteurs ayant pour effet d'amoindrir de plus de deux millions de francs le produit annuel que la caisse, parvenue à son état normal, obtiendrait du mécanisme de ses opérations, si cette libération n'avait pas lieu, il est équitable de stipuler une indemnité pour faire compensation.

En portant cette indemnité à un trimestre d'intérêt, elle représente à peine le quart du bénéfice abandonné , mais elle suffit à la prospérité de l'établissement.

§ 5e. INTÉRÊT PAYÉ PAR LES DÉBITEURS RETARDATAIRES.

Les débiteurs retardataires tiendront compte à la caisse de l'intérêt, à raison de cinq pour cent, du montant de leurs annuités échues, à compter du jour de l'échéance.

Ce produit, quelque imposant qu'il soit , ne sera mentionné ici que pour mémoire.

TABLEAU

TABLEAU DES PRODUITS DE L'ÉTABLISSEMENT.

ÉPOQUES.	INTÉRÊT (à 4 1|2 °|o) des valeurs composant le fonds de garantie.	JOUISSANCE pendant six semaines de l'intérêt du prêt.	UTILISATION momentanée de l'intérêt contenu dans l'annuité.	TRIMESTRE d'intérêt sur la libération anticipée.
ANNÉES.	FR.	FR.	FR.	FR.
1re.	»	562,500	»	»
2e.	207,196	562,500	24,147	23,451
3e.	414,392	562,500	47,351	46,902
4e.	621,588	562,500	62,571	70,253
5e.	828,784	562,500	90,750	93,804
6e.	1,035,980	562,500	110,880	117,255
7e.	1,243,176	562,500	129,866	140,705
8e.	1,450,372	562,500	147,685	164,157
9e.	1,657,568	562,500	159,781	187,608
10e.	1,864,764	562,500	179,575	211,059
11e.	2,071,960	562,500	193,545	234,510
12e.	2,280,156	562,500	206,102	257,961
13e.	2,486,302	562,500	217,215	281,412
14e.	2,693,548	562,500	226,814	304,863
15e.	2,900,744	562,500	234,750	328,314
16e.	3,107,940	562,500	241,065	351,765
17e.	3,315,135	562,500	245,165	376,216
18e.	3,522,332	562,500	248,315	398,666
19e.	3,729,538	562,500	249,170	422,117
20e.	3,729,538	562,500	249,170	422,117
30e.	3,729,538	562,500	249,170	422,117

La durée moyenne de la libération des débiteurs a été évaluée à dix-huit années.

L'établissement, parvenu à son état normal à la 18e année de son existence, donnera, pour chacune des années suivantes, des produits toujours semblables à ceux de la 18e année.

Ces produits sont positifs et réels. Le tableau qui précède, n'en présente que le *minimum*, déterminé avec la plus scrupuleuse exactitude. On peut s'en convaincre, en prenant pour exemple l'intérêt des valeurs composant le fonds de garantie : cette branche de produits s'élèverait, à elle seule, à plus de six millions de francs, sans la libération anticipée des débiteurs, dont il a fallu tenir compte , et qui en réduit le chiffre à trois millions sept cent vingt-neuf mille francs.

CHAPITRE XV ET DERNIER.

Produit exceptionnel ; excédant obtenu sur le taux de l'intérêt.

L'instabilité du prix du numéraire doit naturellement amener la création de plusieurs sortes de cédules hypothécaires, les unes à un taux élevé, les autres à un taux d'intérêt de plus en plus abaissé.

En procédant à leur amortissement, selon la méthode proposée , l'extinction des valeurs créées à un taux d'intérêt élevé laissera libre et disponible, au profit de la caisse, un excédant final plus ou moins considérable.

Une cédule hypothécaire 5 °[₀ liée au remboursement d'une autre cédule à laquelle n'est attaché qu'un intérêt de 4 1[2 °[₀, donnera, pour bénéfice, un excédant final de 2 fr. 95 c., équivalant à un droit de commission de soixante centimes pour cent, perçu au moment du prêt sur le montant de l'opération.

Liée au remboursement d'une cédule produisant intérêt à 4 °[₀ seulement, elle donnera pour bénéfice un excédant final de six francs, équivalant à un droit de commission de un franc vingt centimes pour cent, perçu sur le montant du prêt, au moment de sa conclusion.

Ce mode de remboursement procurera ainsi à la caisse, dans la supposition de cent millions de francs d'opérations par année, un bénéfice annuel dont le minimum, évalué à six cent mille francs, représente à peine le quart du chiffre auquel il pourrait atteindre par la succession des temps.

RÉCAPITULATION DES PRODUITS.

1° Intérêt du fonds de garantie . . .	3,729,538 f.
2° Jouissance momentanée de l'intérêt du prêt	562,500
3° Utilisation momentanée de l'intérêt échu.	249,170
4° Indemnité sur la libération anticipée	422,117
5° Produit exceptionnel (chap. 15) . .	600,000
6° Intérêt payé par les débiteurs retardataires. . . . . *Mémoire.*	
Montant des produits. . .	5,563,325 f.

DÉPENSES A DÉDUIRE.

1° Impôt du trésor, décime compris	1,083,500 f.	
2° Traitements des fonctionnaires de la caisse. . .	1,200,000	
3° Non-valeur présumée, en raison du numéraire improductif en caisse, indépendamment de la réserve	150,000	3,163,325 f.
4° Faux frais	300,000	
5° Imprévu	429,825	
Excédant de produits sur les dépenses		2,400,000 f.

Le fonds social, annuellement accru de cet excédant de

produits, acquerra en peu d'années les proportions d'une seconde réserve non inférieure à la première.

Il est à remarquer que si, dans les cédules qui précèdent, on avait pris pour base des cédules hypothécaires portant intérêt à 4 fr. 75 c. $^{o}/_{o}$, les produits obtenus se seraient montrés de quatre cent mille francs plus élevés, tandis que la dépense fût demeurée la même.

RÉSUMÉ.

L'établissement qu'il s'agit de fonder, considéré du point de vue de son utilité générale, a principalement pour but d'introduire dans les transactions hypothécaires un mode de libération progressive, approprié à la nature du crédit foncier, et de procurer aux capitaux eux-mêmes une circulation plus facile et plus étendue, en élargissant les voies qui leur sont ouvertes pour se répandre sur l'agriculture.

Partout où ils deviennent nécessaires, les capitaux ne manquent jamais de se produire ; mais ils réclament impérieusement la condition essentielle de sécurité, sans laquelle on tenterait en vain de les obtenir.

L'établissement satisfait à cette condition ; car les placements opérés par son entremise, garantis par des immeubles d'une valeur supérieure à la dette, et doublement assurés encore par la responsabilité du syndicat, qui a présidé à l'opération, et par un fonds de réserve suffisant pour faire face à toutes les éventualités, ont acquis un degré de sécurité qui ne laisse rien à désirer.

RÉSULTATS COMPARÉS

entre ce mode d'organisation du crédit foncier et le mode consacré par le projet de loi présenté à l'Assemblée nationale.

1ᵉʳ RAPPROCHEMENT ENTRE LES DEUX MÉTHODES.

MÉTHODE DU PROJET DE LOI.				MÉTHODE PROPOSÉE.			
Lettres de gage portant intérêt à	Cours de ces valeurs.	Quarante annuités de	Revenu donné au prêteur.	Cédules hypothᵣₑₛ portant intérêt à	Cours de ces valeurs.	Seulement trente annuités de	Revenu donné au prêteur.
	FR.	FR. C.	FR. C.		FR.	FR. C.	FR. C.
	100 °|₀	6 00	4 50 °|₀		100 °|₀	6 14	4 50 °|₀
	99	6 06	4 54		99	6 20	4 54
4 f. 50c.	98	6 12	4 59	4 f. 50c.	98	6 26	4 59
°|₀	97	6 18	4 64	°|₀	97	6 32	4 64
	96	6 25	4 69		96	6 39	4 69
	95	6 32	4 74		95	6 46	4 74

Il résulte de ce premier rapprochement entre les deux méthodes, que, lorsqu'elles émettent les mêmes lettres de gage, le prêteur n'a aucun motif de préférer une méthode à l'autre, toutes les deux lui donnant de son argent un produit absolument semblable.

Mais l'emprunteur préfèrera la méthode proposée, par la raison que, si l'annuité à payer est à peu près la même dans les deux méthodes, le projet de loi en réclame *quarante*, tandis que *trente* de ces annuités suffisent à la libération du débiteur dans la méthode proposée ;

Différence : dix annuités, équivalant, en fin de compte, à une économie égale à 60 °\|₀ du montant du prêt.

2e, 3e, 4e ET 5e RAPPROCHEMENTS ENTRE LES DEUX MÉTHODES.

MÉTHODE DU PROJET DE LOI.				MÉTHODE PROPOSÉE.			
Lettres de gage portant intérêt à	Cours de ces valeurs.	Quarante annuités de	Revenu donné au prêteur.	Cédules hypoth^{res} portant intérêt à	Cours de ces valeurs.	Seulement trente annuités de	Revenu donné au prêteur.
	FR.	FR. C.	FR. C.		FR.	FR. C.	FR. C.
4 1|2 °|o	95 °|o	6 32	4 74 °|o	4 75 °|o	100 °|o	6 32	4 75 °|o
	94	6 29	4 79		99	6 38	4 80
	93	6 46	4 84		98	6 45	4 85
	92	6 53	4 89		97	6 51	4 90
	91	6 60	4 94		96	6 58	4 95
	90	6 67	5 00		95	6 65	5 00
4 1|2 °|o	91 °|o	6 60	4 94 °|o	5 °|o	100 °|o	6 50	5 00 °|o
	90	6 67	5 00		99	6 57	5 05
	89	6 74	5 05		98	6 64	5 10
	88	6 82	5 11		97	6 71	5 15
	87	6 90	5 17		96	6 78	5 20
	86	6 98	5 23		95	6 85	5 26
4 1|2 °|o	87 °|o	6 90	5 17 °|o	5 25 °|o	100 °|o	6 69	5 25 °|o
	86	6 98	5 23		99	6 76	5 30
	85	7 06	5 29		98	6 83	5 35
	84	7 14	5 35		97	6 90	5 40
	83	7 23	5 41		96	6 97	5 46
	82	7 32	5 48		95	7 04	5 52
4 1|2 °|o	85 °|o	7 06	5 29 °|o	5 50 °|o	100 °|o	6 88	5 50 °|o
	84	7 14	5 35		99	6 95	5 55
	83	7 23	5 41		98	7 02	5 60
	82	7 32	5 48		97	7 09	5 66
	81	7 41	5 55		96	7 16	5 72
	80	7 50	5 62		95	7 24	5 79

En ces circonstances, la méthode proposée donnant aux prêteurs un revenu *plus élevé*, ceux-ci lui accorderont naturellement la préférence.

Quant aux emprunteurs, une réduction de vingt à vingt-cinq centimes sur la quotité de l'annuité , et dix annuités de moins à payer, constituent en leur faveur une économie supérieure à cent pour cent du montant du prêt, en fin de compte ;

Et ils sont encore dispensés du versement de quatre pour cent, que le projet de loi attribue à la formation du fonds de garantie, la méthode proposée ne réclamant ni le concours ni la participation des emprunteurs pour l'organisation de la réserve.

Je suis avec un profond respect,

Messieurs,

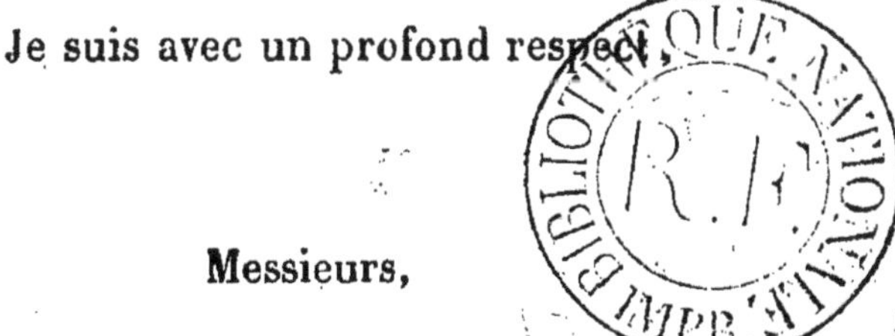

votre très-humble serviteur,